LETTRE

DE

Mgr L'ÉVÊQUE D'ORLÉANS

À UN PRÉSIDENT

DES

CONFÉRENCES DE SAINT-VINCENT DE PAUL

PARIS

CHARLES DOUNIOL, LIBRAIRE-ÉDITEUR

Rue de Tournon, 29

1861

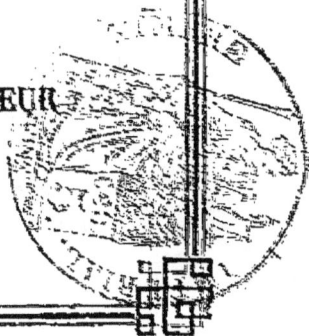

LETTRE

DE

MGR L'ÉVÊQUE D'ORLÉANS

A UN PRÉSIDENT

DES

CONFÉRENCES DE SAINT-VINCENT DE PAUL

Mon cher ami,

Vous me demandez si, dans la nouvelle situation qui vient d'être faite aux conférences de Saint-Vincent de Paul, et après la dissolution du conseil général, vous devez dissoudre vous-mêmes vos conférences particulières, et cesser vos œuvres de charité.

Je vous réponds sans hésiter que je suis d'un avis contraire.

Certes je comprends le sentiment d'honneur blessé qui a porté plusieurs conférences à prendre ce parti suprême ;

Je comprends, comme je l'ai dernièrement écrit, qu'il est odieux de se voir mis en suspicion devant son pays, et précédé par la calomnie au foyer des pauvres ;

Je comprends l'intolérable injure faite à des hommes de cœur qu'on accuse de cacher la politique sous le manteau de la charité ;

Je comprends la perturbation profonde apportée dans les conditions de votre existence par la suppression du conseil qui était votre centre d'unité et d'action ;

Mais je n'en soutiens pas moins qu'il faut, en dépit de tous les obstacles, continuer votre œuvre, ou plutôt l'œuvre de Dieu et

de la charité catholique. Vous êtes, quoi
qu'on en ait dit, la vraie, la pure charité :
eh bien ! il ne faut pas que la contradiction
des hommes fasse défaillir la charité des
chrétiens.

Tenez donc, malgré l'orage : il faut rester
debout, quoique blessé, et combattre pour
Dieu et les pauvres jusqu'à la fin.

Si Dieu m'avait fait soldat au lieu de me
faire évêque, j'espère qu'il m'aurait fait aussi
la grâce de ne pas déserter le combat, même
après la mort de mon général. Non, sur tout
champ de bataille, il faut combattre tant
qu'on peut soutenir ses armes, parce que le
devoir, le vrai et grand honneur, la patrie
est toujours là.

A plus forte raison pensé-je que, dans les
luttes pour la vérité et pour la justice, il faut
combattre jusqu'au dernier soupir, jusqu'à

l'agonie, comme dit l'Écriture : *Agonizare pro justicia,* jusqu'à la mort enfin : on peut la recevoir, on ne se la donne pas.

Que vous mouriez, ah ! sans doute, c'est ce que veulent tous ces écrivains révolutionnaires et anti-catholiques, qui vous poursuivent depuis si longtemps de leurs outrages, c'est ce qu'ils espèrent : mais, vous, trompez leurs espérances, continuez le vaillant service de la charité, vivez en dépit d'eux.

Sans doute, en faisant frapper le conseil général des conférences, ils ont bien cru vous frapper à la tête; mais, par une force supérieure à ce coup meurtrier, la vie peut vous rester encore.

Il vous reste, en effet, vos pauvres, vos règlements, vos curés, vos évêques. Eh bien ! c'est votre première et profonde racine, c'est

le principe de votre vie : pour vous l'arra-
cher, il faudrait aller trop loin : attendez là.

Je l'avoue toutefois, si, à la faveur de ces
troubles, de faux chefs et de faux frères pou-
vaient s'introduire parmi vous ; si on voulait
déshonorer en vous le grand nom de saint
Vincent de Paul; si on essayait de vous
faire un saint Vincent de Paul tel que celui
auquel la Convention érigeait une statue,
un saint Vincent de Paul franc-maçon, un
saint Vincent de Paul politique, c'est-à-dire,
ce que vous n'avez jamais voulu à aucun
prix, pour aucune cause : je l'avoue, alors
le péril serait grand et la dissolution peut-
être nécessaire.

Mais, contre ce péril et cette nécessité,
vous avez une défense invincible, dont il
faut d'abord épuiser les ressources : vous
avez, je le répète, vos règlements, vos conditions d'admission, vos curés dans chaque

paroisse, vos évêques dans chaque diocèse.

Tant que vous demeurerez fidèles à vos règlements intérieurs, à votre sage et pacifique esprit, à vos maximes si pures et si chrétiennes; tant que vous resterez unis à vos pasteurs, recueillis aux presbytères de vos paroisses, groupés autour de vos évêques, on ne peut rien de sérieux contre vous. Le péril des déviations funestes, des envahissements furtifs, des solidarités compromettantes peut être conjuré.

Ne voyez-vous pas que, si vous vous tuez vous-mêmes, ils calomnieront encore votre immolation, dont ils redoutaient la vertu.

Non, il faut tenir jusqu'au bout et ne pas donner cette joie aux ennemis de Dieu, de vous voir tomber dans leur piége, et arriver par vous-mêmes au but qu'ils ont voulu.

Vous pouvez sacrifier ce que je crois le

droit, le droit sacré de la charité évangé-
lique, en protestant d'ailleurs, comme il a
été fait en votre nom ; mais vous dissoudre
spontanément serait peut-être sacrifier le
devoir et offrir d'un coup en holocauste au
génie du mal le génie de la charité : ce serait certainement sacrifier les pauvres de
Jésus-Christ, qui peuvent bien être quelque-
fois victimes avec l'Église de la persécution
des méchants, mais que les bons, eux, ne
doivent jamais abandonner.

Mais, me direz-vous, par la force des
choses, un peu plus tôt, un peu plus tard,
une dissolution est inévitable.

Eh bien ! pour ma part, je ne le crois pas.
Quand on a coutume d'observer les temps et
les choses, on sait que les nuages passent et
avec eux les orages.

Connaissez mieux votre œuvre, et sa

force, et son indomptable vitalité. Hommes
de peu de foi, sachez qu'il y a dans une telle
œuvre une vertu immortelle qui, si vous ne
vous détruisez pas vous-mêmes, survivra à
tous les coups et désespérera tous les ennemis.

La charité ne meurt pas, dit saint Paul :
Charitas non excidit! Elle use par sa douceur
et sa force toutes les violences qui viennent
se heurter contre elle ; comme elle éclipse
par son éclat toutes les pitoyables contrefa-
çons qu'on essaie de lui opposer.

Non, ne craignez point : le nom de saint
Vincent de Paul, qu'on ne parviendra jamais
à rendre ni philanthropiquement ridicule ni
calomnieusement impopulaire, suffit à vous
défendre et à vous garder la vie.

C'est en vain qu'on a frappé votre œuvre. Elle n'est point morte. L'âme demeure !

le souffle, l'inspiration de Dieu, l'esprit de
charité ! Contre cela, que peuvent les hommes?

Oui, cet esprit, ce souffle divin, il demeure dans vos règlements, dans vos habi-
tudes, dans vos cœurs, je le dirai, dans vos
vertus. Fils de Vincent de Paul, redoublez
de vertus, de calme, de patience, de zèle,
de charité, et ne doutez pas de l'avenir!

Croyez-le bien : ce n'est là qu'une épreuve,
dure sans doute, mais au fond misérable.
Que votre tranquille persévérance la fasse
avorter.

Restez tous à votre poste : qu'aucun de
vous ne déserte la bannière de la charité, le
glorieux drapeau de Vincent de Paul ; que
ceux mêmes qui, par un sentiment que je
respecte, ont cru devoir momentanément se
séparer, se réunissent de nouveau. Conti-

nuez vos œuvres, visitez vos pauvres fami-
les. Et qu'auront gagné vos adversaires? Pas
même la désunion qu'ils espéraient; et vous
vous retrouverez debout, tous, au jour de la
justice, qui vous sera bientôt rendue, que
sais-je? par ceux-là même peut-être qui vous
ont frappés ; car la justice ne se fait pas toujours attendre en vain sur la terre.

Non, plus j'y pense, et plus je demeure
convaincu que, dans les plus humbles villa-
ges, comme dans les plus grandes villes,
tant qu'on ne vous défendra pas — et qui
peut vous le défendre? — d'aller chez le pau-
vre, de lui porter votre argent et votre cœur,
de lui révéler la vérité et l'Evangile de Jésus-
Christ par la charité, vous continuerez d'ê-
tre, en dépit des vaines alarmes et de toutes
les calomnies, la providence des malheu-
reux, la consolation de l'Eglise, et l'honneur
de votre pays.

Agréez, mon cher ami, le fidèle hommage de mon profond et religieux dévoûment.

† **FÉLIX**, évêque d'Orléans.

Orléans, ce 3 décembre, en la fête de Saint François-Xavier.

Paris. — Imp. W. Remquet, Goupy et Cie, rue Garancière, 5.

A LA MÊME LIBRAIRIE

Les Sociétés de charité, les Francs-Maçons et la circulaire du 16 octobre, par Mgr l'évêque d'Orléans. In-8. . . . . 1 fr.

Lettre à M. de Persigny à l'occasion de sa circulaire contre la Société de Saint-Vincent-de-Paul, par M. Poujoulat. In-8. . . . . 1 fr.

La Société de Saint-Vincent-de-Paul dévoilée, par J. de Crisenoy. 1 vol. in-8. . . . . . . 1 fr. 50

La brochure le Pape et le Congrès, lettre à un Catholique; par Mgr l'Évêque d'Orléans. In-8. . 80 c.

Seconde lettre de Mgr l'Évêque d'Orléans à un Catholique sur le démembrement dont les États pontificaux sont menacés. In-8. . . . . 80 c.

Oraison funèbre des volontaires catholiques de l'armée pontificale morts pour la défense du Saint-Siége, prononcée par Mgr l'Évêque d'Orléans dans sa cathédrale, le 9 octobre 1860. . . . . 60 c.

Lettre à M. le vicomte de la Guéronnière, en réponse à la brochure *La France, Rome et l'Italie*, par Mgr l'évêque d'Orléans. In-8. . . . . 1 fr.

Mgr Dupanloup, évêque d'Orléans, par Saint-Albe. In-8. . . . . 1 fr.

Une nation en deuil, la Pologne en 1861, par M. le comte de Montalembert, l'un des quarante de l'Académie française, 2e édition. In-8. . . . . . 1 fr. 50

OUVRAGES DE Mgr DUPANLOUP, ÉVÊQUE D'ORLÉANS

La Souveraineté pontificale, 3e édition, 1 beau volume in-18 jésus, avec un magnifique portrait de Pie IX, gravé sur acier. . . . . 3 fr. 50

De l'Éducation, 3 vol. in-18, avec un magnifique portrait de l'Évêque, gravé par M. Martinet, de l'Institut. 22 fr. 50
Tome Ier. — De l'éducation en général. 5e édition.
Tome II. — De l'autorité et du respect dans l'éducation. 5e éd.
Tome III. — Les hommes d'éducation.

— LE MÊME, 3 vol. in-18 jésus, avec portrait. . 10 fr. 50

De la haute éducation intellectuelle. (Tome IV), tome 1er, 2e série de l'ouvrage sur l'éducation, par Mgr Dupanloup, évêque d'Orléans. 1 vol. in-8. . . . 7 fr. 50

Manuel de Catéchisme, 2e édition, 3 beaux volumes in-18 jésus. . . . . 9 fr.

Paris. — Imp. de W. Remquet, Goupy et Cie, rue Garancière, 5.

www.ingramcontent.com/pod-product-compliance
Lightning Source LLC
Chambersburg PA
CBHW060728280326
41933CB00013B/2581